메시지 | 요한계시록

KB214814

THE MESSAGE: Revelation

Eugene H. Peterson

The
MESSAGE

요한계시록

유진 피터슨

복 있는 사람

메시지 | 요한계시록

2019년 9월 18일 초판 1쇄 인쇄
2019년 9월 27일 초판 1쇄 발행

지은이 유진 피터슨
옮긴이 김순현 윤종석 이종태
감수자 김영봉
펴낸이 박종현

도서출판 복 있는 사람
주소 서울특별시 마포구 연남동 246-21(성미산로23길 26-6)
전화 02-723-7183(편집), 7734(영업·마케팅) 팩스 02-723-7184
이메일 hismessage@naver.com
등록 1998년 1월 19일 제1-2280호

ISBN 978-89-6360-313-1 00230

이 도서의 국립중앙도서관 출판예정도서목록(CIP)은 서지정보유통지원시스템 홈페이지(http://
seoji.nl.go.kr)와 국가자료공동목록시스템(http://www.nl.go.kr/kolisnet)에서 이용하실 수 있습니다. (CIP 제어번호: 2019034904)

차례

007 『메시지』를 읽는 독자에게

011 요한계시록 머리말

015 **요한계시록**

일러두기

• 유진 피터슨의 『메시지』 영어 원문을 번역하면서, 한국 교회의 실정과 환경을 고려하여 『메시지』 한글 번역본의 극히 일부분을 의역하거나 문장과 용어를 바꾸었다.

『메시지』를 읽는 독자에게

『메시지』에 독특한 점이 있다면, 현직 목사가 그 본문을 다듬었기 때문일 것이다. 나는 성경의 메시지를 내가 섬기는 사람들의 삶 속에 들여놓는 것을 내게 주어진 일차적 책임으로 받아들이고 성인 인생의 대부분을 살아왔다. 강단과 교단, 가정 성경공부와 산상수련회에서 그 일을 했고, 병원과 양로원에서 대화하면서, 주방에서 커피를 마시고 바닷가를 거닐면서 그 일을 했다. 『메시지』는 40년간의 목회 사역이라는 토양에서 자라난 열매다.

인간의 삶을 만들고 변화시키는 하나님의 말씀은, 내가 『메시지』 작업을 하는 동안 정말로 사람들의 삶을 만들고 변화시켰다. 우리 교회와 공동체라는 토양에 심겨진 말씀의 씨앗은, 싹을 틔우고 자라서 열매를 맺었다. 현재의 『메시지』를 작업할 무렵에는, 내가 수확기의 과수원을 누비며 무성한 가지에서 잘 영근 사과며 복숭아며 자두를 따고 있다는 기분이 들곤 했다. 놀랍게도 성경에는, 내가 목회하는 성도며 죄인인 사람들이 살아 낼 수 없는 말씀, 이 나라와 문화 속에서 진리로 확증되지 않는 말씀이 단 한 페이지도 없었다.

내가 처음부터 목사였던 것은 아니다. 원래 나는 교사의 길에 들어서서, 몇 년간 신학교에서 성경 원어인 히브리어와 그리스어를 가르쳤다. 남은 평생을 교수와 학자로 가르치고 집필하고 연구하며 살겠거니 생각했었다. 그러다 갑자기 직업을 바꾸어 교회 목회를 맡게 되었다.

뛰어들고 보니, 교회는 전혀 다른 세계였다. 제일 먼저 눈에 띈 차이는, 아무도 성경에 별로 관심이 없어 보인다는 점이었다. 얼마 전까지만 해도, 사람들은 내게 돈을 내면서까지 성경을 가르쳐 달라고 했는데 말이다. 내가 새로 섬기게 된 사람들 중 다수는, 사실 성경에 대해 아무것도 몰랐다. 성경을 읽은 적도 없었고, 배우려는 마음조차 없었다. 성경을 몇 년씩 읽어 온 사람들도 많았지만, 그들에게 성경은 너무 익숙해서 무미건조하고 진부한 말로 전락해 있었다. 그들은 지루함을 느낀 나머지 성경을 제쳐 둔 상태였다. 그 양쪽 사이에 있는 사람은 많지 않았다. 내가 가장 중요하게 여긴 일은, 성경 말씀을 그 사람들의 머리와 가슴 속에 들여놓아서, 성경의 메시지가 그들의 삶이 되게 하는 것이었다. 그러나 거기에 관심을 갖는 사람은 거의 없었다. 신문과 잡지, 영화와 소설이 그들 입맛에 더 맞았다.

결국 나는, 바로 그 사람들에게 성경의 메시지를 듣게—정말로 듣게—해주는 일을 내 평생의 본분으로 삼게 되었다. 그것이야말로 확실히 나를 위해 예비된 일이었다.

나는 성경의 세계와 오늘의 세계라는 두 언어 세계에 살

고 있었다. 나는 언제나 그 두 세계가 같은 세계인 줄 알았
다. 그러나 사람들은 그렇게 보지 않았다. 나는 어쩔 수 없
이 "번역가"(당시에는 그런 표현을 쓰지 않았지만)가 되었다.
날마다 그 두 세계의 접경에 서서, 하나님이 우리를 창조하
시고 구원하시고 치유하시고 복 주시고 심판하시고 다스리
실 때 쓰시는 성경의 언어를, 우리가 잡담하고 이야기하고
길을 알려 주고 사업하고 노래 부르고 자녀에게 말할 때 쓰
는 오늘의 언어로 옮긴 것이다.

그렇게 하는 동안, 성경의 원어—강력하고 생생한 히브
리어와 그리스어—는 끊임없이 내 설교의 물밑에서 작용했
다. 성경의 원어는 단어와 문장을 힘 있고 예리하게 해주고,
내가 섬기는 사람들의 상상력을 넓혀 주었다. 그래서 오늘
의 언어 속에서 성경의 언어를 듣고, 성경의 언어 속에서 오
늘의 언어를 들을 수 있게 해주었다.

나는 30년간 한 교회에서 그 일을 했다. 그러던 어느 날
(1990년 4월 30일이었다), 한 편집자가 내게 편지를 보내 왔
다. 그동안 내가 목사로서 해온 일의 연장선에서 새로운 성
경 번역본을 집필해 달라는 청탁의 편지였다. 나는 수락했
다. 그 후 10년은 수확기였다. 그 열매가 바로 『메시지』다.

『메시지』는 읽는 성경이다. 기존의 탁월한 주석성경을 대
체하기 위한 것이 아니다. 내 취지는 간단하다. (일찍이 우
리 교회와 공동체에서도 그랬듯이) 성경이 충분히 읽을 수 있
는 책이라는 사실을 모르는 사람들에게 성경을 읽게 해주

고, 성경에 관심을 잃은 지 오래된 사람들에게 성경을 다시 읽게 해주는 것이다. 그렇다고 굳이 내용을 쉽게 하지는 않았다. 성경에는 이해하기 어려운 부분도 많이 있다. 그래서 『메시지』를 읽다 보면, 더 깊은 연구에 도움이 될 주석성경을 구하는 일이 조만간 중요하게 여겨질 것이다. 그때까지는, 일상을 살기 위해 읽으라. 읽으면서 이렇게 기도하라. "하나님, 말씀하신 대로 내게 이루어지기를 원합니다."

유진 피터슨

성경의 마지막은 화려하다. 환상과 노래, 재앙과 구출, 공포
와 승리로 가득하다. 쇄도하는 색과 소리, 이미지와 에너지
에 현기증이 날 정도다. 비록 처음에는 당혹스럽더라도 계
속해서 읽어 나가다 보면, 우리는 점차 그 리듬을 파악하고,
연결점들을 깨달으며, 기독교 예배의 다차원적 행위에 참여
하고 있는 우리 자신을 발견하게 된다.

　　예배는 네 동물들이 밤낮으로 쉬지 않고 찬송을 부르는
가운데 시작된다.

　　거룩하시다, 거룩하시다, 거룩하시다.
　　우리 주님, 주권자이신 하나님,
　　전에도 계셨고, 지금도 계시며, 장차 오실 분.

　　오, 합당하신 주님! 그렇습니다, 우리 하나님!
　　영광을! 존귀를! 권능을 받으소서!
　　주님께서 만물을 창조하셨습니다.
　　주님께서 원하셨기에 만물이 창조되었습니다(계 4:8, 11).

12

그리고 스물네 장로들이 함께 찬송을 부른다. 이 책의 중간쯤에서는, "구원받은 이들"이 함께 서서 모세의 노래를 부르고 어린양의 노래를 부른다.

오, 주권자이신 하나님,
주님께서 하신 일이 크고 놀랍습니다!
모든 민족의 왕이시여,
주님의 길은 의롭고 참되십니다!
하나님, 누가 주님을 두려워하지 않을 수 있습니까?
누가 주님의 이름에 영광을 돌리지 않을 수 있습니까?
주님, 오직 주님만 홀로 거룩하시니
모든 민족이 와서 주님께 경배합니다.
그들이 주님의 심판이 옳음을 알기 때문입니다(계 15:3-4).

1세기 후반 목회자였던 밧모 섬의 요한은 예배에 마음을 둔 사람으로, 그의 최고 관심은 예배였다. 요한계시록에 기록된 그의 환상은, 그가 밧모라는 지중해의 한 섬에서 어느 일요일 예배를 드리는 중에 찾아왔다. 그는 육지에 있는 일곱 교회를 순회하며 돌보는 목회자로서, 그의 주된 임무는 예배를 인도하는 것이었다. 살아 계신 하나님께 대한 응답인 예배는 사람들을 공동체로 모아 준다. 따라서 예배를 소홀히 하거나 왜곡하면, 공동체는 혼란에 빠지거나 몇몇 사람들의 횡포에 시달리게 된다.

지금 우리가 사는 이 시대는 예배하기에 좋은 시대가 아니다. 아니, 그런 시대는 애초부터 없었다. 세상은 예배를 적대시한다. 마귀는 예배를 증오한다. 요한계시록이 분명히 보여주듯이, 예배는 더없이 부적합한 조건 아래서 수행할 수밖에 없는 임무다. 어떤 그리스도인들은 예배한다는 이유로 죽임을 당하기도 한다.

요한계시록은 수월하게 읽히는 책은 아니다. 목사일 뿐 아니라 시인이기도 한 요한은, 은유와 상징, 이미지와 암시 등을 즐겨 사용했다. 그것은 우리로 하여금 믿고 순종하는 가운데 예수의 임재 안으로 들어가게 해주려는 열망 때문이었다. 그가 우리의 지성과 상상력에 요구하는 것들은 또한 우리에게 큰 보상도 안겨 준다. 요한과 벗이 되어 함께 예배 드릴 때, 우리의 예배는 분명 전보다 더 긴박하고 기쁨 가득한 예배가 될 것이기 때문이다.

우리 하나님을 찬양하여라, 그분의 모든 종들아!
그분을 두려워하는, 너희 크고 작은 모든 사람들아!(계 19:5)

요한계시록

1 ¹⁻² 이 책은 메시아 예수의 계시입니다. 하나님께서는 앞으로 일어날 일을 그분의 종들에게 분명히 보여주시려고 이 계시를 주셨습니다. 그분은 천사를 통해 이를 공포하셨고, 자신의 종 요한에게 전해 주셨습니다. 그리고 요한은 자신이 본 모든 것을 말했습니다. 하나님의 말씀, 곧 예수 그리스도의 증언을!

³ 이것을 읽는 독자는 얼마나 복된 사람인지요! 이 예언의 말씀, 이 책에 기록된 모든 말씀을 듣고 지키는 이들은 얼마나 복된 사람인지요!

때가 바로 눈앞에 다가왔기 때문입니다.

지금도 계시고, 전에도 계셨고, 장차 오실 하나님

4-7 나 요한은, 아시아에 있는 일곱 교회에 이 편지를 적어 보냅니다. 지금도 계시고, 전에도 계셨고, 장차 오실 하나님께서, 또 그분의 보좌 앞에 있는 일곱 영이, 또 충성스런 증인이자 죽은 자들 가운데서 처음 살아나신 장자이자 지상의 모든 왕을 다스리고 계신 예수 그리스도께서 여러분에게 온 갖 좋은 것을 내려 주시기를 바랍니다.

> 우리를 사랑하셔서, 우리 삶에서 우리 죄를 피로 씻으시고
> 우리를 한 나라로, 그분의 아버지를 위한 제사장으로 삼
> 으신 그리스도께
> 영광과 능력이 영원하기를!
> 아멘. 그분이 지금 오고 계신다!
> 구름 타고 오시는 분, 모든 눈이 보게 되리라.
> 그분을 조롱하고 죽인 자들도 보게 되리라.
> 모든 나라, 모든 시대의 사람들이 보고
> 비통해 하며 자기 옷을 찢으리라.
> 오, 그렇게 되기를!

8 주님께서 밝히 말씀하십니다. "나는 처음이요 마지막이다. 나는 지금도 있고, 전에도 있었고, 장차 올 하나님이다. 나는 주권자다."

9-17 예수 안에서 여러분과 함께 시련과 그 나라와 열정 어린

인내에 참여해 온 나 요한은, 하나님의 말씀, 곧 예수의 증언 때문에 밧모라 하는 섬에 있게 되었습니다. 그날은 일요일이었고, 나는 성령 안에서 기도하고 있었습니다. 그때 뒤에서 나팔소리처럼 우렁차고 쩌렁한 큰 음성이 들려왔습니다. "네가 보는 것을 책으로 기록하여라. 그리고 그 기록한 것을 에베소, 서머나, 버가모, 두아디라, 사데, 빌라델비아, 라오디게아 일곱 교회에 보내라." 나는 그 음성을 알아보려고 돌아섰습니다.

내가 보니
일곱 가지 달린 금촛대가 있고
그 한가운데 인자가 계셨습니다.
긴 옷과 금가슴막이를 입으시고
머리는 새하얀 눈보라 치는 듯
눈은 화염을 쏟아내는 듯했고,
두 발은 화로에 달궈진 청동 같았습니다.
음성은 큰 폭포소리 같고
오른손은 일곱 별을 붙들고 계셨으며,
입은 예리한 날 선 칼,
얼굴은 바싹 다가온 태양 같았습니다.

이를 본 나는 죽은 듯 그분 발 앞에 쓰러졌습니다. 그분의 오른손이 나를 잡아 일으켜 세우셨고, 그분의 음성이 나를 안심시키셨습니다.

17-20 "두려워 마라. 나는 처음이요 마지막이다. 나는 살아 있다. 나는 죽었으나 살아났고, 이제 나의 생명은 영원하다. 내 손에 있는 이 열쇠들이 보이느냐? 이것은 죽음의 문들을 열고 잠그며, 지옥의 문들을 열고 잠그는 열쇠들이다. 이제 네가 보는 것을 모두 기록하여라. 지금 일어나는 일들과 곧 일어날 일들을 기록하여라. 네가 내 오른편에서 본 그 일곱 별과, 그 일곱 가지 달린 금촛대, 너는 그 이면에 담긴 의미가 무엇인지 알기 원하느냐? 일곱 별은 바로 일곱 교회의 천사들이며, 촛대의 일곱 가지는 바로 그 일곱 교회다."

에베소 교회에 보내는 말씀

2 ¹ 에베소 교회의 천사에게 이렇게 적어 보내라. 오른손에 일곱 별을 쥐고 계신 분, 일곱 금촛대의 빛 가운데를 활보하시는 분이 말씀하신다.

2-3 "나는 네가 한 일을 잘 알고 있다. 너는 수고를 아끼지 않았고, 가다가 그만두는 법이 없었다. 나는 네가 악을 그냥 두고 보지 못하는 것과, 사도 행세를 하는 자들을 뿌리째 뽑아낸 것도 알고 있다. 나는 너의 끈기와 내 일을 위해 보여준 네 용기를 알며, 네가 결코 나가떨어지는 법이 없다는 것도 알고 있다.

4-5 그러나 너는 처음 사랑에서 떠나 버렸다. 어찌 된 일이냐? 대체 무슨 일이냐? 너는 네가 얼마나 떨어져 나갔는지

알고 있느냐? 너는 루시퍼처럼 떨어져 나갔다!

다시 돌아오너라! 너의 소중한 처음 사랑을 회복하여라! 우물쭈물할 시간이 없다. 이제 내가 그 금촛대에서 네 빛을 없애 버릴 것이기 때문이다.

⁶ 네가 잘한 일은 이것이다. 너는 니골라 당이 벌이는 일을 미워한다. 나 역시 그것을 미워한다.

⁷ 너의 귀는 지금 깨어 있느냐? 귀 기울여 들어라. 바람 불어오는 그 말씀에, 교회들 가운데 불어오는 그 성령에 귀를 기울여라. 승리한 사람은 내가 곧 만찬으로 부를 것이다. 내가 하나님의 과수원에서 따온 생명나무 열매로 차린 잔치로 부를 것이다."

서머나 교회에 보내는 말씀

⁸ 서머나 교회의 천사에게 이렇게 적어 보내라. 시작이요 끝이신 분, 최초이자 최종이신 분, 죽었다가 다시 살아나신 분이 말씀하신다.

⁹ "나는 너의 고통과 가난을, 네가 겪고 있는 그 끝없는 고통과 비참한 가난을 잘 알고, 또한 너의 부요함도 잘 알고 있다. 나는 훌륭한 유대인인 척하는 자들, 그러나 실은 사탄의 무리에 속하는 자들의 주장에 담긴 그 거짓을 잘 알고 있다.

¹⁰ 네가 곧 겪게 될 일들을 조금도 두려워하지 마라. 다만 경계를 갖추고 있어라! 아무것도 두려워 마라! 마귀가 곧 너를 감옥에 던져 넣을 것이나, 이 시험의 때는 열흘뿐이다.

곧 끝난다.

목숨을 잃는 한이 있어도 결코 포기하지 마라. 믿음으로 끝까지 견뎌 내라. 내가 너를 위해 준비해 둔 생명의 면류관이 있다.

¹¹ 너의 귀는 지금 깨어 있느냐? 귀 기울여 들어라. 바람 불어오는 그 말씀에, 교회들 가운데 불어오는 그 성령에 귀를 기울여라. 그리스도께 속한 승리한 사람은 마귀와 죽음으로부터 안전하다."

버가모 교회에 보내는 말씀

¹² 버가모 교회의 천사에게 이렇게 적어 보내라. 날 선 칼을 가지신 분께서 칼을 꺼내 드신다. 칼집과 같은 입에서 칼과 같은 말씀이 나온다.

¹³ "나는 네가 어디 사는지 잘 안다. 너는 사탄의 보좌 바로 밑에 살고 있다. 그럼에도 너는 담대히 내 이름 안에 머물렀다. 최악의 압박 가운데서도, 사탄의 관할 구역에서 내게 끝까지 신실했던 나의 증인 안디바가 순교할 때도, 너는 한 번도 내 이름을 부인하지 않았다.

¹⁴⁻¹⁵ 그런데 왜 너는 그 발람의 무리를 받아 주느냐? 발람이 맞서야 할 원수였다는 것을, 그가 발락을 부추겨 사악한 잔치를 열고 이스라엘의 거룩한 순례길을 방해했던 자인 것을 기억하지 못하느냐? 왜 똑같은 짓을 하고 있는 니골라 당을 참아 주느냐?

¹⁶ 이제 그만! 더 이상 그들을 용납하지 마라. 내가 곧 네게 갈 것이다. 나는 그들이 너무도 싫다. 내 말씀의 날 선 칼로 그들을 갈기갈기 찢을 것이다.

¹⁷ 너의 귀는 지금 깨어 있느냐? 귀 기울여 들어라. 바람 불어오는 그 말씀에, 교회들 가운데 불어오는 그 성령에 귀를 기울여라. 나는 승리한 사람에게 거룩한 만나를 줄 것이다. 또한 나는 너의 새 이름, 너의 비밀한 새 이름이 새겨진 깨끗하고 부드러운 돌을 줄 것이다."

두아디라 교회에 보내는 말씀

¹⁸ 두아디라 교회의 천사에게 이렇게 적어 보내라. 눈은 화염을 쏟아내는 듯하고, 발은 화로에 달궈진 청동 같으신 하나님의 아들이 이렇게 말씀하신다.

¹⁹ "나는 네가 나를 위해 하고 있는 일을 잘 안다. 그 사랑과 믿음, 봉사와 끈기는 참으로 인상적이다! 그렇다. 대단히 인상적이다! 게다가 날이 갈수록 너는 더욱 열심이다.

²⁰⁻²³ 그러나 어찌하여 너는 자칭 예언자라 하는 이세벨이, 나의 아끼는 종들을 십자가를 부인하는 종교로, 자아에 탐닉하는 종교로 꾀는 것을 보고만 있느냐? 나는 그녀에게 돌아설 기회를 주었으나, 그녀는 자신의 신(神) 장사를 그만둘 뜻이 없다. 나는 '섹스 종교' 게임을 벌이는 그녀와 그 동업자들을 곧 병들게 할 것이다. 그 우상숭배의 매춘 행위에서 태어나는 사생아들을 내가 죽일 것이다. 그러면 내가 겉모

습에 감동받지 않는다는 것을 온 교회가 알게 될 것이다. 나는 마음속을 꿰뚫어 보며, 네가 자초한 일을 네가 반드시 당하도록 만든다.

24-25 너희 나머지 두아디라 사람들, 이런 불법과 무관하며, 심오한 것인 양 선전하는 이런 마귀와의 장난질을 경멸하는 너희들은 안심해도 좋다. 나는 너희 삶을 지금보다 더 어렵게 만들지 않을 것이다. 내가 갈 때까지 너희가 가진 그 진리를 굳게 지켜라.

26-28 승리하는 모든 사람, 끝까지 포기하기를 거부하는 모든 사람에게 내가 줄 보상은 이것이다. 너는 민족들을 다스리게 될 것이며, 목자이자 왕으로서 너의 통치는 쇠지팡이처럼 굳건할 것이다. 그 민족들의 저항은 질그릇처럼 쉽게 깨어질 것이다. 이는 내 아버지께서 내게 주신 선물인데, 나는 그것을 네게 전해 준다. 또 그것과 더불어, 새벽별을 주겠다!

29 너의 귀는 지금 깨어 있느냐? 귀 기울여 들어라. 바람 불어오는 그 말씀에, 교회들 가운데 불어오는 그 성령에 귀를 기울여라."

사데 교회에 보내는 말씀

3 ¹ 사데 교회의 천사에게 이렇게 적어 보내라. 한 손으로는 하나님의 일곱 영을 붙들고 계시고, 다른 손으로는 일곱 별을 쥐고 계신 분이 말씀하신다.

"나는 네 일을 정확히 꿰뚫고 있다. 너는 원기 왕성한 것으로 유명하다만, 그러나 실은 죽은 자다. 돌처럼 죽어 있다.
²⁻³ 일어서라! 숨을 깊게 내쉬어라! 어쩌면 네 안에 아직 생명이 남아 있을지 모른다. 그러나 네가 벌이는 그 분주한 일들로 봐서는 과연 그런지 나는 모르겠다. 네 일에서, 하나님의 일은 이뤄진 것이 아무것도 없다. 지금 네 상태는 절망적이다. 네가 전에 두 손에 받았던 그 선물을, 네가 귀로 들었던 그 **메시지**를 생각하여라. 다시 그것을 붙잡고, 하나님께 돌아가라.

그러지 않고서 하나님은 안중에도 없이 이불을 머리 위까지 뒤집어쓰고 계속 잠을 잔다면, 나는 네가 전혀 생각지 못한 때에 돌아와서 네 삶에 한밤의 도둑처럼 들이닥칠 것이다.

⁴ 사데에는 여전히 예수를 따르는 이들 몇이 있다. 그들은 세상의 길을 따라 쓰레기 더미에서 뒹굴지 않은 사람들이다. 그들은 나와 더불어 행진하게 될 것이다! 그들은 그럴 자격이 있음을 증명해 보였다!

⁵ 승리하는 사람들은 그 개선 행진에 참여하게 된다. 그들의 이름은 생명책에서 지워지지 않을 것이다. 나는 그들을 위로 데리고 올라가서, 내 아버지와 그분의 천사들에게 이름 불러 소개할 것이다.

⁶ 너의 귀는 지금 깨어 있느냐? 귀 기울여 들어라. 바람 불어오는 그 말씀에, 교회들 가운데 불어오는 그 성령에 귀를 기울여라."

빌라델비아 교회에 보내는 말씀

⁷ 빌라델비아 교회의 천사에게 이렇게 적어 보내라. 거룩하신 분, 참되신 분, 다윗의 열쇠를 손에 가지신 분, 문을 여시면 아무도 잠글 수 없고, 문을 잠그시면 아무도 열 수 없는 분께서 말씀하신다.

⁸ "나는 네가 한 일을 잘 안다. 이제 내가 한 일이 무엇인지 보아라. 나는 네 앞에 문을 하나 열어 두었다. 그것은 아무도 닫을 수 없는 문이다. 네가 힘이 미약하다는 것을 나도 알고 있다. 그럼에도 너는 내 말을 지키기 위해 네 있는 힘을 다했다. 너는 힘든 시절에도 나를 부인하지 않았다.

⁹ 자칭 참된 그리스도인이라고 하나 실은 전혀 그렇지 않은 이들, 실제로는 사탄 클럽에 속해 있는 그 위장꾼들을 내가 어떻게 하는지 지켜보아라. 나는 그들의 가식을 드러낼 것이고, 그렇게 되면 그들은 내가 사랑하는 사람이 바로 너라는 사실을 인정하게 될 것이다.

¹⁰ 네가 열정 어린 인내로 내 말을 지켰으니, 나는 이제 곧 찾아올 시련의 때에 너를 안전하게 지켜 줄 것이다. 그때는 온 땅의 모든 남자와 여자와 아이들이 시험을 받는 때다.

¹¹ 내가 가고 있다. 곧 갈 것이다. 네가 가지고 있는 것을 꼭 붙들고 지켜서, 아무도 너를 미혹하여 네 면류관을 훔쳐 가지 못하게 하여라.

¹² 나는 승리한 사람마다 내 하나님의 성소 기둥으로, 영원한 존귀의 자리로 삼을 것이다. 그러고는 나는 네 위에, 그

기둥들 위에 내 하나님의 이름과 하나님의 도성, 곧 하늘로 부터 내려오는 새 예루살렘의 이름, 그리고 나의 새 이름을 적을 것이다.

¹³ 너의 귀는 지금 깨어 있느냐? 귀 기울여 들어라. 바람 불어오는 그 말씀에, 교회들 가운데 불어오는 그 성령에 귀를 기울여라.”

라오디게아 교회에 보내는 말씀

¹⁴ 라오디게아 교회의 천사에게 이렇게 적어 보내라. 하나님의 ‘예’이신 분, 신실하고 확실한 증인이신 분, 하나님 창조의 으뜸이신 분이 말씀하신다.

¹⁵⁻¹⁷ “나는 너를 속속들이 아는데, 네게서는 내가 좋아할 만한 구석을 거의 찾을 수 없다. 너는 차갑지도 뜨겁지도 않다. 차갑거나, 아니면 뜨거웠으면 훨씬 더 낫겠다! 너는 진부하다. 너는 정체되었다. 너는 나를 토하고 싶도록 만든다. 너는 ‘나는 부자다, 나는 성공했다, 나는 부족한 것이 없다’고 자랑한다. 자신이 실제로는 가련하고, 눈멀고, 누더기 옷에, 집 없는 거지라는 사실을 알지 못하고서 말이다.

¹⁸ 나는 네가 이렇게 하기를 바란다. 나에게서 네 금을 사라. 불로 정련된 금이다. 그러면 너는 부자가 될 것이다. 나에게서 네 옷을 사라. 하늘에서 디자인된 옷이다. 너는 너무 오랫동안 거의 벌거벗은 채로 돌아다녔다. 내게서 네 눈에 바를 약을 사라. 볼 수 있도록, 정말로 볼 수 있도록 말이다.

¹⁹ 나는 내가 사랑하는 이들을 책망한다. 자극하고 고치고 인도해서, 그들이 최선의 삶을 살 수 있도록 해준다. 일어나라! 뒤로 돌아서라! 하나님을 향해 뛰어가라!

²⁰⁻²¹ 나를 보아라. 지금 내가 문 앞에 서 있다. 내가 노크하고 있다. 만일 내가 부르는 소리를 네가 듣고 문을 열면, 나는 곧장 들어가 너와 더불어 앉아 만찬을 나눌 것이다. 승리한 사람들은 상석에, 내 옆 자리에 앉게 될 것이다. 내가 승리했으므로, 내 아버지 옆의 존귀한 자리에 앉게 된 것과 같다. 이것이 승리한 사람들에게 주는 내 선물이다!

²² 너의 귀는 지금 깨어 있느냐? 귀 기울여 들어라. 바람 불어오는 그 말씀에, 교회들 가운데 불어오는 그 성령에 귀 기울여라."

하늘의 예배

4 ¹ 그 후에 보니, 아! 하늘에 문이 하나 열려 있었습니다. 나팔소리 같은 음성, 앞선 환상에서 들었던 그 음성이 소리쳐 나를 불렀습니다. "이리로 올라오너라. 들어오너라. 내가 네게 다음 일을 보여주겠다."

²⁻⁶ 곧 나는 깊은 예배 가운데 빠져들었고, 그러고 보니 아! 하늘에 보좌 하나가 놓인 것과 그 보좌에 앉아 계신 분이 보였습니다. 거기에는 온통 호박(琥珀) 옥빛이 가득하고 에메랄드빛이 이글대고 있었습니다. 보좌 주위를 스물네 개의 보좌가 둘러싸고 있었는데, 흰 옷을 입고 머리에는 금면류

관을 쓴 스물네 명의 장로가 거기 앉아 있었습니다. 번쩍이는 섬광과 천둥소리가 보좌로부터 고동치듯 들려왔습니다. 보좌 앞에는 일곱 횃불이 타오르며 서 있었습니다(이들은 하나님의 일곱 겹의 영입니다). 그 보좌 앞은 수정처럼 맑은 바다가 펼쳐져 있는 듯했습니다.

6-8 보좌 주위를 돌아다니는 네 동물이 있었는데, 온통 눈으로 가득했습니다. 앞을 보는 눈, 뒤를 보는 눈. 첫 번째 동물은 사자 같았고, 두 번째 동물은 황소 같았고, 세 번째 동물은 사람의 얼굴을 가졌으며, 네 번째 동물은 날고 있는 독수리 같았습니다. 네 동물 모두 날개를 가졌는데, 각각 여섯 날개가 달려 있었습니다. 그 날개는 온통 눈으로 가득했고, 그 눈들은 주위와 안쪽을 보고 있었습니다. 그들은 밤낮으로 쉬지 않고 찬송을 불렀습니다.

　　거룩하시다, 거룩하시다, 거룩하시다.
　　우리 주님, 주권자이신 하나님,
　　전에도 계셨고, 지금도 계시며, 장차 오실 분.

9-11 그 동물들이 보좌에 앉아 계신 분께―영원무궁토록 살아 계신 분께―영광과 존귀와 감사를 드릴 때마다, 스물네 장로는 얼굴을 바닥에 대고 보좌에 앉으신 분 앞에 엎드렸습니다. 그들은 영원무궁토록 살아 계신 분께 예배했습니다. 그들은 보좌 앞에 자기들의 면류관을 벗어 놓고서 찬송

을 불렀습니다.

> 오, 합당하신 주님! 그렇습니다. 우리 하나님!
> 영광을! 존귀를! 권능을 받으소서!
> 주님께서 만물을 창조하셨습니다.
> 주님께서 원하셨기에 만물이 창조되었습니다.

보좌에 앉아 계신 어린양

5 ¹⁻² 나는 보좌에 앉아 계신 분의 오른손에 두루마리가 있는 것을 보았습니다. 그것은 안팎으로 글이 적혀 있었고, 일곱 개의 인으로 봉해져 있었습니다. 나는 또 힘센 천사가 천둥과 같은 음성으로 이렇게 외치는 것을 보았습니다. "저 두루마리를 펼 수 있는 자, 저 봉인을 뜯을 수 있는 자 누구 없는가?"

³ 아무도 없었습니다. 하늘에도, 땅에도, 땅 밑에도, 그 두루마리를 펴서 읽을 수 있는 자가 아무도 없었습니다.

⁴⁻⁵ 그 두루마리를 펴서 읽을 수 있는 자가 아무도 없는 것을 보고서, 나는 울고 울고 또 울었습니다. 장로들 가운데 하나가 말했습니다. "울지 마라. 보아라. 유다 지파에서 나신 사자이신 분, 다윗 나무의 뿌리이신 분께서 승리를 거두셨다. 그분은 저 두루마리를 펴실 수 있고, 일곱 봉인을 떼실 수 있다."

⁶⁻¹⁰ 그래서 내가 보니, 한 어린양이 보좌와 동물과 장로들로

둘러싸여 계셨습니다. 그분은 전에 도살되었으나 이제 우뚝
서 계신 어린양이었습니다. 그분은 일곱 뿔을 가졌고 또 일
곱 눈을 가졌는데, 그 눈은 모든 땅에 보내진 하나님의 일곱
영이었습니다. 그분이 보좌에 앉아 계신 분께 가서, 그분의
오른손에서 두루마리를 받아 드셨습니다. 그분이 두루마리
를 받아 드는 순간, 네 동물과 스물네 장로가 바닥에 엎드려
어린양께 경배했습니다. 각각 하프와 향이 가득한 금대접을
들고 있었는데, 그 향은 하나님의 거룩한 백성의 기도였습니
다. 그리고 그들은 새 노래를 불렀습니다.

합당하십니다! 두루마리를 받으시고 그 봉인을 떼소서.
죽임당하신 분! 주님은 피로 값을 치르시고 사람들을 사
셨습니다.
그들을 온 땅으로부터 다시 데려오셨습니다.
그들을 하나님께로 다시 데려오셨습니다.
주님께서 그들을 한 나라와, 우리 하나님을 섬기는 제사
장과
온 땅을 다스리는 제사장—왕이 되게 하셨습니다.

11-14 나는 또 보았습니다. 보좌와 동물과 장로들 주위에서
수천 수백만 천사들이 큰소리로 함께 노래 부르는 소리를
들었습니다.

죽임당하신 어린양은 합당하시다!
권능과 부와 지혜와 능력을 받으소서!
존귀와 영광과 찬양을 받으소서!

그리고 나는 하늘과 땅, 땅 밑과 바다의 모든 창조물이, 모든 곳의 모든 목소리가, 다 함께 한목소리로 노래하는 소리를 들었습니다.

보좌에 앉아 계신 분께! 그 어린양께!
찬양과 존귀와 영광과 권능이,
영원무궁토록!

네 동물은 "오, 그렇습니다!" 하고 소리쳤고, 장로들은 무릎 꿇어 경배했습니다.

두루마리의 봉인을 떼다

6

¹⁻² 나는 어린양이 일곱 봉인 중 첫째 봉인을 떼시는 것을 지켜보았습니다. 나는 그 동물 가운데 하나가 포효하는 소리를 들었습니다. "나오너라!" 내가 보니, 흰 말이 보였습니다. 그 위에 탄 이는 활을 들고 있었고 승리의 면류관을 받아 썼습니다. 그는 좌우로 승리를 거두며, 의기양양하게 나아갔습니다.

³⁻⁴ 어린양이 두 번째 봉인을 떼시자, 두 번째 동물이 외치는

소리가 들려왔습니다. "나오너라!" 또 말이 나타났는데, 이번에는 붉은 말이었습니다. 그 위에 탄 이는 땅에서 평화를 없애는 일을 맡았습니다. 그는 사람들이 서로 목 조르고 죽이도록 했습니다. 그에게는 거대한 칼이 주어졌습니다.

5-6 어린양이 세 번째 봉인을 떼시자, 세 번째 동물이 외치는 소리가 들려왔습니다. "나오너라!" 내가 보니, 이번에는 검은 말이었습니다. 그 위에 탄 이는 손에 저울을 들고 있었습니다. 한 메시지가 들려왔습니다(이는 네 동물에게서 나오는 것 같았습니다). "하루 품삯으로 고작 밀 한 되, 혹은 보리 석 되를 살 수 있을 뿐이다. 기름과 포도주는 꿈도 못 꾼다."

7-8 어린양이 네 번째 봉인을 떼시자, 네 번째 동물이 외치는 소리가 들려왔습니다. "나오너라!" 내가 보니, 핏기 없는 창백한 말이었습니다. 그 위에 탄 이는 죽음이었고, 그 뒤를 지옥이 바싹 따르고 있었습니다. 그들에게는 전쟁과 기근과 질병과 들짐승들로 땅의 사분의 일을 멸할 수 있는 힘이 주어졌습니다.

9-11 어린양이 다섯 번째 봉인을 떼시자, 흔들리지 않고 하나님의 말씀을 증언하느라 죽임당한 이들의 영혼이 보였습니다. 그들은 제단 아래 모여서 큰소리로 기도하며 외쳤습니다. "얼마나 더 기다려야 합니까? 거룩하고 참되신, 능력의 하나님! 얼마나 더 기다려야 주님이 나서서 우리를 죽인 자들에게 앙갚음해 주시겠습니까?" 그러자 순교자 각 사람에게 흰 옷이 주어졌고, 그들은 믿음 안에서 동료된 종들과 친

구들 중에서 그들처럼 순교자가 될 이들의 수가 다 채워질
때까지 더 앉아서 기다리라는 말씀을 들었습니다.

12-17 나는 어린양이 여섯 번째 봉인을 떼시는 것을 지켜보았
습니다. 그러자 지축을 흔드는 거대한 지진이 일어나고, 태
양이 칠흑처럼 검게 변하고, 달이 온통 핏빛이 되었으며, 별
들이 강풍에 흔들리는 무화과나무 열매처럼 하늘에서 떨어
지고, 하늘이 책처럼 턱 하고 덮히고, 섬과 산들이 이쪽저쪽
으로 미끄러져 다녔습니다. 아수라장이 벌어졌습니다. 왕과
통치자와 장군과 부자와 권력자들 할 것 없이, 노예든 자유
인이든 할 것 없이, 모든 사람이 너나없이 다 숨을 곳을 찾
아 뛰어다녔습니다. 그들은 모두 산속 동굴과 바위굴에 숨
어서 산과 바위를 향해 소리쳤습니다. "우리를 숨겨 다오!
저기 보좌에 앉아 계신 분께로부터, 그 어린양의 진노로부
터 우리를 숨겨 다오! 그들이 진노하시는 큰 날이 이르렀으
니, 누가 버틸 수 있겠느냐?"

도장을 받은 하나님의 종들

7 ¹ 그 후에 나는 천사 넷이 땅의 네 모퉁이에 서 있는
것을 보았습니다. 그들은 땅이나 바다에 바람이 불
지 못하도록, 나뭇가지를 살랑거리게 하는 바람조차 없도
록, 사방의 바람들을 꼭 붙들고 서 있었습니다.

2-3 또한 나는 다른 천사가 살아 계신 하나님의 도장을 들고
서 해 돋는 쪽에서 올라오는 것을 보았습니다. 그는 땅과 바

다를 해하는 임무를 부여받은 네 천사에게 천둥소리처럼 외쳤습니다. "땅을 해하지 마라! 바다를 해하지 마라! 내가 우리 하나님의 종들의 이마에 도장을 다 찍기 전까지는 나무 하나도 해하지 마라!"

4-8 나는 도장을 받은 이들의 수가 얼마인지를 들었습니다. 144,000명! 도장을 받은 이들은 이스라엘 각 지파에서 나온 사람들이었습니다. 도장을 받은 이들은 유다 지파에서 12,000명, 르우벤 지파에서 12,000명, 갓 지파에서 12,000명, 아셀 지파에서 12,000명, 납달리 지파에서 12,000명, 므낫세 지파에서 12,000명, 시므온 지파에서 12,000명, 레위 지파에서 12,000명, 잇사갈 지파에서 12,000명, 스불론 지파에서 12,000명, 요셉 지파에서 12,000명, 베냐민 지파에서 12,000명이었습니다.

9-12 나는 또 보았습니다. 거대한 무리의 사람들, 헤아릴 수 없이 많은 수의 사람들이 보였습니다. 모두가 그곳에 있었습니다. 모든 나라, 모든 지파, 모든 종족, 모든 언어가 그곳에 있었습니다. 그들은 서 있었습니다. 그들은 흰 옷을 입고 종려나무 가지를 흔들며, 보좌와 어린양 앞에 서서 전심으로 노래를 불렀습니다.

  구원은 보좌에 앉아 계신 우리 하나님께!

구원은 어린양께 있도다!

보좌 주위에 서 있는 모든 이들―천사들, 장로들, 동물들―이 보좌 앞 바닥에 얼굴을 대고 엎드려서, 하나님께 경배하며 노래했습니다.

참으로 그렇다!
찬양과 영광과 지혜와 감사,
존귀와 힘과 능력이,
우리 하나님께 영원히, 영원무궁히 있도다!
참으로 그렇다!

13-14 바로 그때 장로들 중 하나가 나를 불렀습니다. "저기 흰옷을 입은 이들은 누구인가? 그들은 어디서 온 이들인가?" 흠칫 놀란 나는 말했습니다. "장로님, 저는 도무지 모르겠습니다. 하지만 분명 장로님은 아실 것입니다."
14-17 그러자 그가 내게 말했습니다. "저들은 큰 환난을 겪은 이들인데, 그들은 어린양의 피로 자기들의 옷을 빨아 희게 만들었다. 그래서 그들이 하나님의 보좌 앞에 서 있는 것이다. 그들은 그분의 성전에서 밤낮으로 그분을 섬기고 있다. 그 보좌에 앉아 계신 분께서 그곳에 그들을 위해 그분의 장막을 쳐 주실 것이다. 더 이상 굶주림이나, 목마름이나, 볕뉘이 없을 것이다. 그 보좌에 앉아 계신 어린양이 그들의 목

자가 되셔서, 생명수 솟아나는 샘으로 그들을 인도하실 것이다. 하나님께서 그들의 눈에서 눈물을 말끔히 씻어 주실 것이다."

8 ¹ 어린양이 일곱 번째 봉인을 떼시자, 하늘이 갑자기 고요해졌습니다. 이 완전한 정적은 약 반 시간 동안 지속되었습니다.

나팔이 울리다

²⁻⁴ 나는 하나님 앞에 늘 대기하고 있는 일곱 천사를 보았는데, 그들의 손에 일곱 나팔이 들려 있었습니다. 또 다른 천사가 금향로를 들고 와서 제단 앞에 섰습니다. 그는 엄청난 양의 향을 받았는데, 이는 보좌 앞 금제단에 하나님의 모든 거룩한 백성의 기도를 바쳐 올리기 위한 것이었습니다. 향으로 묶인, 거룩한 이들의 기도가 천사의 손으로부터 하나님 앞으로 연기처럼 굽이쳐 올라갔습니다.

⁵ 그 후에 그 천사는 향로를 제단에서 나오는 불로 가득 채워 땅으로 내던졌습니다. 그러자 천둥과 음성과 번개와 지진이 일어났습니다.

⁶⁻⁷ 나팔을 든 일곱 천사가 나팔을 불 준비를 갖추었습니다. 첫 번째 나팔을 불자, 피가 섞인 우박과 불이 땅으로 쏟아져 내렸습니다. 땅의 삼분의 일이 불탔고, 나무들의 삼분의 일

과 모든 푸른 풀잎이 바싹 타 버렸습니다.

8-9 두 번째 천사가 나팔을 불었습니다. 불타오르는 거대한 산 같은 것이 바다 속으로 던져졌습니다. 바다의 삼분의 일이 피가 되었고, 바다 생물의 삼분의 일이 죽었고, 배들의 삼분의 일이 가라앉아 버렸습니다.

10-11 세 번째 천사가 나팔을 불었습니다. 횃불처럼 타오르는 거대한 별이 하늘에서 떨어져, 강들의 삼분의 일과 샘들의 삼분의 일을 없애 버렸습니다. 그 별들의 이름은 쑥입니다. 물의 삼분의 일이 쓴 물이 되었고, 많은 사람들이 그 독물을 마시고 죽었습니다.

12 네 번째 천사가 나팔을 불었습니다. 해의 삼분의 일, 달의 삼분의 일 그리고 별들의 삼분의 일이 타격을 받아 삼분의 일만큼 어두워졌고, 낮도 밤도 삼분의 일만큼 어두워졌습니다.

13 내가 유심히 보는 동안, 독수리 한 마리가 중간하늘을 날면서 불길한 소리를 외치는 것을 들었습니다. "화가 있다! 화가 있다! 땅에 남아 있는 모든 이들에게 화가 있다! 나팔을 불 천사가 아직 셋이 더 남았다. 화가 닥칠 것이다!"

❧

9 1-2 다섯 번째 천사가 나팔을 불었습니다. 나는 별 하나가 하늘에서 땅으로 수직으로 떨어져 내리는 것을 보았습니다. 그 별은 바다 없는 구덩이를 여는 열쇠를 건네받았습니다. 그는 바다 없는 구덩이를 열었습니다. 그러자

그 구덩이에서 연기가 쏟아져 나왔고, 쉴 새 없이 쏟아져 나오는 그 연기로 해와 공중이 어두워졌습니다.

3-6 그 후에 연기 속에서 전갈의 독을 품은 메뚜기들이 기어 나왔습니다. 그들에게 명령이 떨어졌습니다. "풀은 해치지 마라. 푸른 것은 무엇이든 해치지 말고, 나무 하나도 해치지 마라. 다만 사람들만 해치되, 이마에 하나님의 도장이 찍히지 않은 자들만 해쳐라." 그들은 괴롭히기만 할 뿐 죽이지는 말라는 명령을 받았습니다. 그들은 다섯 달 동안 괴롭혔는데, 그들이 주는 고통은 전갈에게 쏘이는 것 같은 고통이었습니다. 이런 일이 일어나면, 사람들은 고통받느니 차라리 죽으려고 스스로 목숨을 끊을 방도를 찾습니다. 그러나 그들은 찾지 못할 것입니다. 죽음이 그들을 피해 다닐 것이기 때문입니다.

7-11 그 메뚜기들은 전투채비를 갖춘 말처럼 보였습니다. 그들은 금면류관과 사람의 얼굴과 여자의 머리카락과 사자의 이빨과 철가슴막이를 하고 있었습니다. 그들의 날갯소리는 말들이 끄는 전차가 싸움터로 질주하는 소리 같았습니다. 그들의 꼬리는 전갈의 꼬리처럼 독침을 가졌습니다. 그들은 그 꼬리로 다섯 달 동안 인류를 괴롭히라는 명령을 받았습니다. 그들에게는 왕이 있었는데, 바다 없는 구덩이의 천사가 바로 그입니다. 그의 이름은 히브리 말로는 아바돈, 그리스 말로는 아볼루온, 곧 파괴자입니다.

12 첫 번째 화가 지나갔습니다. 그러나 아직도 두 가지 화가

더 남았습니다.

13-14 여섯 번째 천사가 나팔을 불었습니다. 나는 하나님 앞에 있는 금제단의 뿔들로부터 울리는 한 음성이 여섯 번째 천사에게 말하는 소리를 들었습니다. "네 천사들, 큰 강 유프라테스에 감금되어 있는 그 천사들을 풀어 놓아주어라."

15-19 그 네 천사가 풀려났습니다. 네 천사는 정해진 년, 월, 일, 그리고 시까지 맞춰 인류의 삼분의 일을 죽일 준비를 하고 있던 이들입니다. 기마대의 수는 2억이었습니다. 나는 환상 중에 그 수를 들었고, 말들과 그 위에 탄 이들을 보았습니다. 말 탄 이들은 화염 같은 가슴막이를 했고, 말들은 머리가 사자 머리 같았으며, 불과 연기와 유황을 내뿜고 있었습니다. 그들은 이 세 가지 무기, 곧 불과 연기와 유황으로 인류의 삼분의 일을 죽였습니다. 그 말들은 입과 꼬리로 사람들을 죽였습니다. 뱀 같은 그 꼬리에도 머리가 달렸는데, 그것으로도 큰 해를 끼쳤습니다.

20-21 이런 무기에 죽임을 당하지 않고 살아남은 자들은 계속 전처럼 멋대로 살아갔습니다. 삶의 길을 바꾸지 않았습니다. 귀신들에게 예배하던 것을 멈추지 않았고, 보거나 듣거나 움직이지 못하는 금, 은, 놋쇠 덩어리, 돌, 나무 조각들을 삶의 중심으로 삼던 것을 그만두지 않았습니다. 마음의 변화를 보여주는 어떤 기미도 없었습니다. 여전히 살인, 점치는 일, 음행, 도둑질에 빠져 지냈습니다.

10

¹⁻⁴ 또한 나는 힘센 다른 천사가 구름에 싸여서 하늘에서 내려오는 것을 보았습니다. 그의 머리 위에는 무지개가 둘려 있었고, 얼굴은 해처럼 빛났으며, 다리는 불기둥 같았습니다. 그의 손에는 작은 책 한 권이 펼쳐져 있습니다. 그는 오른발로 바다를, 왼발로 육지를 디디고 서서, 사자가 포효하듯 큰소리로 외쳤습니다. 그가 소리치자, 일곱 천둥이 되받아 소리쳤습니다. 그 일곱 천둥이 말을 할 때 나는 그 말을 다 받아 적으려 했으나, 하늘에서 한 음성이 들려와 나를 멈추게 했습니다. "그 일곱 천둥을 침묵으로 봉인하여라. 단 한 마디도 적지 마라."

⁵⁻⁷ 그 후에 내가 본 그 바다와 땅을 딛고 서 있는 천사가 오른손을 하늘을 향해 들더니, 하늘과 그 안의 모든 것을 창조하신, 바다와 그 안의 모든 것을 창조하신, 영원무궁히 살아 계신 그분을 두고 맹세하며 말했습니다. 이제 때가 되어 곧 일곱 번째 천사가 나팔을 불면, 하나님의 신비가, 그분이 그 동안 그분의 종들과 예언자들에게 계시하셨던 모든 계획이 다 완성될 것이라고 말했습니다.

⁸⁻¹¹ 하늘에서 들려오는 그 음성이 다시 내게 말했습니다. "가서, 바다와 땅을 딛고 서 있는 그 천사의 손에 펼쳐져 있는 책을 받아라." 나는 그 천사에게 올라가서 말했습니다. "내게 그 작은 책을 주십시오." 그가 말했습니다. "이것을

받아서 먹어라. 이것은 꿀처럼 달겠으나, 너의 배에서는 쓸 것이다." 나는 그 작은 책을 천사의 손에서 받았는데, 그것은 입에서는 꿀처럼 달았지만, 삼키자 배가 쓰라렸습니다. 그때 "너는 가서, 많은 백성과 나라와 언어와 왕들을 향해 다시 예언해야만 한다"는 음성이 내게 들려왔습니다.

두 증인

11 ¹⁻² 나는 측량자로 쓸 수 있는 막대기를 하나 받았는데, 그때 이런 말씀이 들려왔습니다. "일어나서, 하나님의 성전과 제단 또 거기서 예배하는 모든 사람을 측량하여라. 바깥 뜰은 측량하지 말고 내버려 두어라. 그것은 이방인들에게 넘겨졌다. 그들이 마흔두 달 동안 그 거룩한 도성을 더럽힐 것이다.

³⁻⁶ 그동안 나는 내 두 증인을 준비시킬 것이다. 그들은 굵은 베옷을 입고 1,260일 동안 예언할 것이다. 이들은 땅에서 하나님 앞에 서 있는 두 올리브나무이며, 두 촛대다. 만일 누구라도 그들을 해치려고 시도하면, 그들의 입에서 불이 터져 나와 그를 태워 재가 되게 할 것이다. 그렇게 바싹 태워 버릴 것이다. 그들은 하늘을 봉인할 힘을 가져서, 자기들이 예언하는 동안 비가 오지 않게 할 수 있으며, 또한 강물과 샘물을 피가 되게 하는 힘과 원하는 만큼 무슨 재앙이든 땅에 임하게 할 수 있는 힘을 가질 것이다.

⁷⁻¹⁰ 그들이 증언을 다 마치면, 바닥 없는 구덩이에서 짐승이

올라와 그들과 싸워서 이기고 그들을 죽일 것이다. 그들의 시체는 영적으로는 소돔과 이집트라는 큰 도성, 그들의 주님이 십자가에 못 박혔던 바로 그 도성의 거리에 내버려질 것이다. 그들은 사흘 반 동안을 그렇게 있을 것이다. 무덤에 안장되지 못하고 길거리에 버려진 채, 온 세상 사람들의 구경거리가 될 것이다. 사람들은 그 광경을 보며 환호성을 지를 것이다. '속이 시원하다!'고 외치며 축하연을 열 것이다. 그것은 그 두 예언자가 그동안 땅의 모든 사람의 양심을 찔러 괴롭혀서, 그들이 죄를 마음껏 즐기지 못하도록 했기 때문이다.

11 그 후 사흘 반이 지나면, 하나님의 생명의 성령께서 그들 속으로 들어갈 것이며─그들은 두 발로 벌떡 일어설 것이다!─그러면 고소해 하며 바라보던 구경꾼들이 모두 놀라서 까무러칠 것이다."

12-13 나는 하늘에서 들려오는 큰 음성을 들었습니다. "여기로 올라오너라!" 그러자 두 예언자는 그들의 적들이 지켜보는 가운데 구름에 싸여 하늘로 올라갔습니다. 그 순간 거대한 지진이 일어났습니다. 도성의 십분의 일이 무너졌고, 7,000명의 사람들이 그 지진에 죽었으며, 나머지는 혼비백산하여 하늘의 하나님께 영광을 돌렸습니다.

14 두 번째 화가 지나갔고, 이제 세 번째 화가 뒤따릅니다.

마지막 나팔이 울리다

15-18 일곱 번째 천사가 나팔을 불었습니다. 점점 커지는 음성으로 하늘에서 노랫소리가 터져 나왔습니다.

> 이제 세상 나라는
> 우리 하나님과 그분의 메시아 나라!
> 그분이 영원무궁토록 다스릴 것이다!

하나님 앞에서 자기 보좌에 앉아 있던 스물네 장로가 바닥에 엎드려, 경배하며 노래 불렀습니다.

> 오, 지금도 계시고 전에도 계셨던
> 주권자이신 주님께 감사드립니다.
> 주님께서 주님의 큰 권능을 들어서
> 이제 행사하셨습니다!
> 분노한 민족들이
> 주님의 진노를 맛봅니다.
> 죽은 사람들을 심판하시고
> 주님의 종들, 모든 예언자와 성도와
> 주님의 이름을 두려워하는 크고 작은 이들에게 상을 주시고,
> 땅을 망하게 하던 이들을 멸망시키실 때가 왔습니다.

¹⁹ 하늘의 하나님의 성전 문들이 활짝 열리고 그분의 언약궤가 분명히 보였는데, 그것은 번개와 큰 함성과 천둥소리와 지진과 거센 우박폭풍에 둘러싸여 있었습니다.

여자와 아들과 용

12 ¹⁻² 하늘에 커다란 표징이 나타났습니다. 한 여자가 온통 햇빛으로 옷 입고 달을 밟고 서서, 열두 별의 면류관을 쓰고 있었습니다. 그 여자가 아이를 해산하고 있는데, 해산의 고통으로 크게 소리지르고 있었습니다. ³⁻⁴ 그 후에 앞선 것과 나란히 또 다른 표징이 나타났는데, 화염 같은 거대한 용이었습니다! 그 용은 일곱 머리와 열 개의 뿔을 가졌는데, 일곱 머리에는 각각 하나씩 왕관이 씌워져 있었습니다. 그 용이 꼬리를 한 번 흔들더니 하늘에서 별 삼분의 일을 쳐서 땅으로 떨어뜨렸습니다. 그 용은 아이가 나오면 잡아먹을 태세로, 해산중인 그 여자 앞에 웅크리고 있었습니다.

⁵⁻⁶ 여자가 아들을 낳았는데, 그는 쇠지팡이로 모든 나라의 목자가 되어 주실 분이었습니다. 그 여자의 아들은 하나님 앞으로 붙들려 올라가 하나님의 보좌에 안전하게 놓여졌습니다. 그 여자는 하나님이 마련해 주신 안전한 처소가 있는 사막으로 피신해 갔고, 거기서 1,260일 동안 모든 것을 제공받으며 편안히 지냈습니다.

⁷⁻¹² 하늘에서 전쟁이 벌어졌습니다. 미가엘과 그의 천사들

이 그 용과 싸움을 벌였습니다. 용과 그 부하들이 반격했으나, 미가엘의 적수가 되지 못했습니다. 그들은 흔적도 없이 하늘에서 완전히 축출되었습니다. 그 큰 용―옛 뱀, 마귀와 사탄이라고도 불리는 자, 온 땅을 미혹시켜 온 자―이 내쫓기면서, 그 부하들도 모두 그 용과 함께 아래로, 땅으로 쫓겨났습니다. 그때 나는 하늘에서 들려오는 큰 음성을 들었습니다.

이제 구원과 권능이,
우리의 하나님의 나라가, 그분의 메시아의 권위가 굳게 섰다!
우리 형제자매를 고발하던 자,
하나님 앞에서 그들을 밤낮으로 고발하던 자가 쫓겨났다.
우리의 형제자매는 어린양의 피와
그들의 담대한 증언을 힘입어 그를 이겼다.
그들은 자기 자신을 사랑한 것이 아니라,
그리스도를 위해 기꺼이 죽고자 했다.
그러므로 기뻐하여라, 오 하늘아, 거기에 사는 모든 이들아.
그러나 땅과 바다에는 화가 있으리라.
마귀가 단단히 작심하고서 너희에게 내려갔다.
그가 크게 추락해 떨어졌다.
그가 화가 나서 미친 듯이 날뛰고 있다.
이제 시간이 많지 않다는 것을 그도 알기 때문이다.

13-17 그 용은 자기가 땅으로 내쫓긴 것을 알고서, 남자 아이를 낳은 여자를 쫓아갔습니다. 그 여자는 커다란 독수리 날개를 받아서 사막의 한 장소로 날아가, 거기서 한 때와 두 때와 반 때 동안, 그 뱀을 피해 안전하게 보호받으며 편안히 지냈습니다. 뱀은 그녀를 물에 잠기게 하여 익사시키려고 강물 같은 물을 토해 냈지만, 땅이 그녀를 도와서 용이 입에서 토해 낸 물을 삼켜 버렸습니다. 분을 이기지 못한 용은 그 여자에게 격노하여, 그녀의 남은 자녀들, 곧 하나님의 계명을 지키며 예수의 증언을 굳게 지키는 자녀들과 전쟁을 하러 나갔습니다.

바다에서 올라온 짐승

13
1-2 그리고 그 용은 바닷가에 섰습니다. 나는 짐승 하나가 바다에서 올라오는 것을 보았습니다. 그 짐승은 열 개의 뿔과 일곱 개의 머리를 가졌는데, 각 뿔에는 왕관이 씌워져 있었고, 각 머리에는 하나님을 모독하는 이름이 새겨져 있었습니다. 내가 본 그 짐승은 곰의 발과 사자의 입을 가진 표범 같은 모양이었습니다. 용은 자기의 권능과 보좌와 큰 권세를 그 짐승에게 넘겨주었습니다.

3-4 그 짐승의 머리 가운데 하나는, 전에 치명상을 입었다가 나은 적이 있는 듯 보였습니다. 온 땅이 넋을 잃고 그 짐승을 바라보며 법석을 떨었습니다. 그들은 그 짐승에게 권세를 준 용에게 경배했고, 그들은 그 짐승에게 경배하며 "이

짐승에 필적할 자 아무도 없다! 감히 이 짐승과 맞붙을 수 있는 자 아무도 없다!"고 소리쳐 댔습니다.

5-8 그 짐승은 크게 떠들고 자화자찬하며, 하나님을 모독하는 말을 입으로 쏟아냈습니다. 그 짐승은 마흔두 달 동안 그가 원하는 일은 무엇이든 할 수 있었습니다. 그 짐승은 하나님을 향해 모독하는 말을 내뱉었고, 그분의 이름을 모독했으며, 그분의 교회, 특히 이미 하늘에서 하나님과 더불어 거하고 있는 이들을 모독했습니다. 그 짐승은 하나님의 거룩한 백성을 공격하여 그들을 정복하도록 허락받았습니다. 그 짐승은 모든 지파와 백성과 방언과 종족에 대해 절대적인 지배력을 행사했습니다. 땅 위에 사는 사람 중에, 도살당한 어린양의 생명책에 창세로부터 그 이름이 기록되어 있지 않은 자들은 모두 그 짐승에게 경배하게 될 것입니다.

9-10 여러분, 듣고 있습니까? 뿌린 대로 거두는 것입니다. 마땅히 감옥에 갈 사람은 감옥에 갈 것이며, 칼을 뽑아 드는 사람은 그 칼에 자기가 쓰러질 것입니다. 그러나 하나님의 거룩한 백성은 여전히 열정적이고 신실하게 그들의 길을 갑니다.

땅 밑에서 올라온 짐승

11-12 나는 또 다른 짐승이 땅 밑에서 올라오는 것을 보았습니다. 그 짐승은 어린양처럼 두 뿔을 가졌으나, 말할 때는 용 같은 소리를 냈습니다. 그 짐승은 첫 번째 짐승의 꼭두각

시였고, 땅과 그 위에 사는 모든 이들로 하여금 그 첫 번째 짐승, 곧 치명적 상처에서 회복된 그 짐승에게 경배하게 했습니다.

13-17 이 두 번째 짐승은 마법의 표징들을 일으켰는데, 하늘에서 불이 내려오게 하여 사람들을 현혹시키기도 했습니다. 그리고 첫 번째 짐승에게서 받은 마법을 이용해서 땅 위에 사는 사람들을 기만하고, 그들로 하여금 치명상을 입었다가 살아난 그 짐승의 형상을 만들게 했습니다. 두 번째 짐승은 첫 번째 짐승의 형상에 생기를 불어넣어서 그 짐승의 형상이 말할 수 있게 하고, 그 짐승에게 예배하지 않는 사람은 모조리 죽임을 당하게 했습니다. 또한 작은 자나 큰 자나, 부자나 가난한 자나, 자유인이나 노예나, 모든 이들에게 강제로 오른손이나 이마에 표를 받도록 했습니다. 그 짐승의 이름의 표나 그 이름의 숫자 없이는, 어떤 것도 사거나 파는 것이 불가능했습니다.

18 수수께끼를 한번 풀어 보십시오. 서로 머리를 맞대고 그 짐승의 숫자의 의미를 알아맞혀 보십시오. 그것은 인간의 숫자로서 666입니다.

십사만사천 명의 노래

14

1-2 나는 보았습니다. 숨이 멎는 광경을! 어린양이 시온 산에 서 있었습니다. 그 어린양과 함께 144,000명이 서 있었는데, 그들의 이마에는 그분의 이름과

그분의 아버지 이름이 새겨져 있었습니다. 그리고 나는 하늘로부터 들려오는 음성, 폭포소리 같고 천둥소리 같은 음성을 들었습니다.

2-5 또한 나는 하프 타는 소리를 들었는데, 하프 타는 이들이 그 보좌와 네 동물과 장로들 앞에서 새 노래를 부르고 있었습니다. 그 노래는 오직 144,000명만이 배울 수 있는 노래였습니다. 그들은 땅에서 구원받은 이들로서, 조금도 타협하지 않고 하나님 앞에서 처녀처럼 순결하게 산 이들입니다. 그들은 어린양이 가는 곳이면 어디든지 따라갔습니다. 그들은 하나님과 어린양을 위한 첫 추수 열매로서, 인류 가운데서 구원받은 사람들입니다. 그들은 그 입에서 한 마디도 거짓된 말을 찾을 수 없는, 완전한 봉헌물이었습니다.

하늘로부터 들려온 음성

6-7 나는 또 다른 천사가 중간하늘에서 높이 치솟아 날고 있는 것을 보았습니다. 그는 아직 땅에 있는 모든 사람, 모든 민족과 족속, 모든 언어와 백성에게 전할 영원한 **메시지**를 가졌습니다. 그는 큰 목소리로 전파했습니다. "하나님을 두려워하고 그분께 영광을 돌려라! 그분께서 심판하실 때가 왔다! 하늘과 땅, 바닷물과 민물을 만드신 분께 경배하여라!"

8 두 번째 천사가 뒤따라와서 소리쳤습니다. "무너졌다, 무너졌다, 큰 바빌론이 무너졌다! 그녀는 음행의 포도주로 모

든 나라를 취하게 만들던 자다!"

9-11 세 번째 천사가 뒤따라와서 소리치며 경고했습니다. "누구든지 그 짐승과 그 형상에게 경배하고 이마나 손에 그 표를 받는 자는, 하나님의 진노의 잔에 담긴, 아무것도 섞이지 않은 진노의 포도주를 마시게 될 것이며, 거룩한 천사들 앞과 어린양 앞에서 불과 유황으로 고통을 받게 될 것이다. 그들의 고통에서 나오는 연기는 영원무궁토록 올라올 것이다. 그 짐승과 그 형상에게 예배하는 자들, 그 이름의 표를 받는 자들에게는 잠시의 쉼도 주어지지 않을 것이다."

12 그러나 성도는 하나님의 계명을 지키고, 예수께 끝까지 신실하며, 열정 어린 인내 가운데 살아갑니다.

13 나는 하늘에서 들려오는 한 음성을 들었습니다. "이렇게 기록하여라. 이제부터 주님 안에서 죽는 사람들은 복되다. 그렇게 죽는 것이 얼마나 복된 일인지!"

"그렇다." 성령이 말씀하십니다. "그들은 그토록 힘겨웠던 일을 끝내고 복된 쉼을 얻는다. 그들이 행한 일은 그 어떤 것도 헛되지 않다. 하나님께서 마침내 그 모든 것으로 인해 그들에게 복을 주신다."

추수 때

14-16 나는 위를 쳐다보았는데, 숨이 멎는 듯했습니다! 흰 구름이 보였고, 그 위에 인자 같은 분이 앉아 계셨습니다. 그분은 금면류관을 쓰고 날 선 낫을 들고 계셨습니다. 또 다른

천사가 그 성전에서 나와서 구름을 보좌 삼으신 분께 소리
쳤습니다. "낫을 대어 추수하십시오. 추수할 때가 되었습니
다. 땅에 추수할 것들이 다 무르익었습니다." 구름을 보좌
삼으신 분께서 그의 낫을 힘 있게 휘두르시면서, 그렇게 단
번에 땅을 추수하기 시작하셨습니다.

17-18 그러자 또 다른 천사가 하늘에 있는 성전에서 나왔습니
다. 그도 날 선 낫을 들고 있었습니다. 또 다른 천사, 곧 불
을 돌보는 일을 맡은 천사가 제단으로부터 왔습니다. 그는
날 선 낫을 든 천사에게 천둥소리로 외쳤습니다. "너의 날
선 낫을 휘둘러라. 땅의 포도밭을 추수하여라. 포도들이 다
익어 터지려 하고 있다."

19-20 그 천사가 그의 낫을 휘둘러 땅의 포도를 추수해서, 포
도주를 만드는 거대한 술틀, 하나님의 진노의 술틀에다가
던져 넣었습니다. 그 술틀은 그 도성 바깥에 있었습니다. 포
도가 짓밟힐 때 그 술틀에서 피가 말 굴레 높이만큼 쏟아져
나왔고, 약 300킬로미터까지 피의 강을 이루었습니다.

모세의 노래, 어린양의 노래

15

¹ 나는 하늘에서 거대하고 숨이 멎을 듯한 또 다
른 표징을 보았습니다. 일곱 천사가 일곱 재앙을
들고 있었습니다. 그 재앙은 마지막 재앙으로서, 하나님의
진노의 결말입니다.

2-4 나는 유리 바다 같은 것을 보았습니다. 그 유리는 불빛으

로 빛났습니다. 그 짐승과 그 형상과 그 이름의 숫자를 이겨
낸 구원받은 사람들이, 그 유리 바다 위에 하나님의 하프를
들고 서 있었습니다. 그들은 하나님의 종 모세의 노래를 불
렀습니다. 그들은 어린양의 노래를 불렀습니다.

오, 주권자이신 하나님,
주님께서 하신 일이 크고 놀랍습니다!
모든 민족의 왕이시여,
주님의 길은 의롭고 참되십니다!
하나님, 누가 주님을 두려워하지 않을 수 있습니까?
누가 주님의 이름에 영광을 돌리지 않을 수 있습니까?
주님, 오직 주님만 홀로 거룩하시니
모든 민족이 와서 주님께 경배합니다.
그들이 주님의 심판이 옳음을 알기 때문입니다.

5-8 그 후에 나는 하늘에 있는 성전, 그 증거의 장막 문들이
활짝 열린 것을 보았습니다. 일곱 천사가 일곱 재앙을 들고
그 성전에서 나왔습니다. 그들은 깨끗하고 빛나는 모시옷과
금조끼를 입고 있었습니다. 네 동물 중 하나가 일곱 천사에
게, 영원무궁히 살아 계신 하나님의 진노로 가득 찬 일곱 금
대접을 건네주었습니다. 하나님의 영광과 권능에서 나오는
연기가 그 성전 바깥으로 쏟아져 나왔습니다. 그 일곱 천사
의 일곱 재앙이 다 끝나기 전까지는, 아무도 그 성전에 들어

갈 수 없었습니다.

일곱 재앙을 쏟아붓다

16
¹ 나는 일곱 천사를 향해 성전에서 외치는 큰 명령소리를 들었습니다. "시작하여라! 땅에 하나님의 진노의 일곱 대접을 쏟아부어라!"

² 첫 번째 천사가 나와서 땅에 그 대접을 부었습니다. 그러자 그 짐승의 표를 받고 그 형상에게 예배한 모든 자들에게 끔찍하고 독한 종기가 생겨났습니다.

³ 두 번째 천사가 바다에 그 대접을 부었습니다. 그러자 바다가 응고되어 피가 되었고, 그 안에 있는 것이 다 죽었습니다.

⁴⁻⁷ 세 번째 천사가 강과 샘물에 그 대접을 부었습니다. 그러자 물이 피로 변했습니다. 나는 물의 천사가 말하는 소리를 들었습니다.

지금도 계시고, 전에도 계셨던, 거룩하신 분,
주님은 의로우시고, 주님의 심판도 의로우십니다.
그들이 성도와 예언자들의 피를 흘리게 하였으므로,
주님께서 그들에게 피를 주어 마시게 하셨습니다.
그들은 마땅히 받아야 할 것을 받았습니다.

바로 그때 나는 제단이 찬성하는 소리를 들었습니다.

그렇습니다. 오 주권자이신 하나님!
주님의 심판은 참되고 정의로우십니다!

8-9 네 번째 천사가 태양에 그 대접을 부었습니다. 그러자 태양에서 불이 뿜어져 나와 사람들을 그슬렸습니다. 불에 살갗이 그슬린 그들은 이 재앙 뒤에 계신 하나님의 이름을 저주했습니다. 그들은 회개하기를 거부했고, 하나님 높이기를 거부했습니다.

10-11 다섯 번째 천사가 그 짐승의 보좌에 그 대접을 부었습니다. 그러자 순식간에 짐승의 나라 전체가 암흑천지가 되었습니다. 고통 때문에 실성한 자들은 자기 혀를 깨물었고, 자기들의 고통과 종기를 두고서 하늘의 하나님을 저주했으며, 회개하고 자기 삶을 바꾸기를 거부했습니다.

12-14 여섯 번째 천사가 큰 강 유프라테스에 그 대접을 부었습니다. 그러자 강물이 바닥까지 말라 버렸습니다. 그 마른 강바닥은 동방에서 오는 왕들을 위한 좋은 도로가 되었습니다. 나는 용과 짐승과 거짓 예언자의 입에서 더러운 악령 셋이 구물구물 기어 나오는 것을 보았습니다. 그 생김새가 개구리 같았습니다. 그것들은 표징을 행하는 귀신의 영으로서, 온 세계 왕들을 찾아가, 주권자 하나님의 큰 날에 있을 전쟁을 위해 그들을 불러 모았습니다.

15 "조심하여라! 나는 예고 없이, 도둑처럼 온다. 깨어 옷을 갖춰 입고 나를 맞을 준비가 된 사람은 복되다. 그러나 그렇

지 못한 사람은, 벌거벗은 채로 거리를 이리저리 뛰어다니며 큰 수치를 당할 것이다."

16 그 개구리 귀신들은 히브리 말로 아마겟돈이라는 곳에 왕들을 다 불러 모았습니다.

17-21 일곱 번째 천사가 공중에 그 대접을 부었습니다. 그러자 성전 안의 보좌로부터 "다 되었다!"는 외침이 들려왔고, 번갯불과 함성과 천둥소리와 어마어마한 지진이 뒤따랐습니다. 그 지진은 시간이 시작된 이래 한 번도 없었던, 실로 엄청난 지진이었습니다. 그 큰 도성은 세 조각이 났고, 민족들의 도성들도 무너져 내렸습니다. 큰 바빌론은 하나님의 맹렬한 진노의 포도주를 마셔야만 했습니다. 그 잔을 주시기로 했던 것을 하나님이 기억하신 것입니다! 섬들이 다 도망가 버렸고, 산들도 하나도 남지 않게 되었습니다. 1톤이나 되는 우박이 떨어져 사람들을 내리쳤고, 사람들은 그 초대형 우박 재앙을 두고서 하나님을 저주했습니다.

음녀들의 어미, 큰 바빌론

17

1-2 일곱 대접을 들고 있던 일곱 천사 중 하나가 와서, 나를 초대하며 말했습니다. "오너라. 많은 물 위에 보좌를 두고 앉았던 그 큰 음녀, 땅의 왕들이 더불어 음행을 행한 그 음녀가 받을 심판을 네게 보여주겠다. 그녀의 음란한 욕정을 마시고 취한, 땅에 사는 사람들에게 내릴 심판을 보여주겠다."

3-6 그 천사는 성령 안에서 나를 광야로 데리고 갔습니다. 나는 붉은 짐승을 타고 있는 한 여자를 보았습니다. 하나님을 모독하는 말로 가득 찬 그 짐승에는 일곱 개의 머리와 열 개의 뿔이 있었습니다. 그 여자는 자주색과 붉은색 옷을 입고 있었고, 금과 보석과 진주로 치장하고 있었습니다. 그 여자는 손에 금잔을 들고 있었는데, 그 잔은 온갖 역겨운 것들, 그녀의 더러운 음행들로 가득했습니다. 그녀의 이마에는 수수께끼 같은 이름이 찍혀 있었습니다. '땅의 음녀들과 혐오스런 것들의 어미, 큰 바빌론.' 내가 보니 그 여자는 술에 취해 있었는데, 하나님의 거룩한 백성의 피를 마시고, 예수의 순교자들의 피를 마시고 그렇게 취해 있었습니다.

6-8 소스라치게 놀란 나는 내 눈을 비볐습니다. 나는 놀라서 고개를 설레설레 저었습니다. 천사가 말했습니다. "놀랐느냐? 내가 그 여자와 그 여자가 타고 있는 짐승, 일곱 머리와 열 뿔을 가진 그 짐승의 수수께끼를 네게 말해 주마. 네가 본 그 짐승은 전에 있었으나 지금은 없으며, 장차 바다 없는 구덩이에서 올라와 결국 지옥으로 직행할 짐승이다. 땅에 사는 사람들 중에 그 이름이 창세로부터 생명책에 기록되어 있지 않은 이들은, 전에 있었으나 지금은 없으며 앞으로 올 그 짐승을 보고서 현혹될 것이다.

9-11 그러나 경계를 늦추지 마라. 머리를 써라. 일곱 머리는 일곱 언덕으로서, 그 여자가 앉아 있는 곳들이다. 또한 일곱 머리는 일곱 왕이다. 그중 다섯은 이미 죽었고, 하나는 지금

살아 있으며, 다른 하나는 아직 나타나지 않았다. 나타나더라도 그의 때는 잠깐일 것이다. 전에 있었으나 지금은 없는 그 짐승은 여덟 번째이기도 하고 일곱 중 하나이기도 한데, 장차 지옥으로 들어갈 것이다.

12-14 네가 본 그 열 뿔은 열 왕이지만, 그들은 아직 권력을 잡지 못했다. 그들은 장차 그 붉은 짐승과 함께 권력을 잡을 것이지만, 오래가지는 못할 것이다. 아주 잠깐만 위세를 부릴 것이다. 이 왕들은 한마음으로 그들의 권능과 권세를 그 짐승에게 넘겨줄 것이다. 그들은 어린양에 맞서 전쟁을 일으키겠으나, 어린양이 그들을 이길 것이다. 이는 그 어린양이야말로 모든 주의 주님이시며 모든 왕의 왕이시라는 증거가 될 것이며, 부름받아 뽑힌 신실한 사람들이 그분과 함께할 것이다."

15-18 이어서 그 천사가 말했습니다. "네가 본 음녀가 보좌를 두고 앉아 있는 그 물은, 백성과 무리와 나라와 언어들이다. 그리고 네가 본 그 열 뿔은, 그 짐승과 더불어 그 음녀에게 등을 돌릴 것이다. 그들은 그녀를 증오하고, 폭행하고, 벌거벗겨, 이빨로 갈기갈기 찢어서는, 불에 태워 버릴 것이다. 하나님의 말씀이 이루어질 때까지 그들의 통치권을 그 짐승에게 넘길 생각을 하게 만드신 이는 하나님이셨다. 네가 본 그 여자는, 땅의 왕들을 압제하는 그 큰 도성이다."

바빌론의 패망

18

1-8 그 후에 내가 보니, 또 다른 천사가 하늘에서 내려왔습니다. 그는 엄청난 권세를 가졌고, 그의 영광은 땅을 빛으로 가득하게 만들었으며, 그의 음성은 천둥 치는 듯했습니다.

무너졌다, 무너졌다, 큰 바빌론이 무너졌다!
귀신들만 남은 유령 마을이 되었다!
불결한 영들의 주둔지,
역겹고 불결한 새들의 주둔지가 되었다.
모든 나라들이 그녀가 벌이는 음행의 난폭한 포도주를 마셨다.
땅의 왕들이 그녀와 음행을 벌였다.
사업가들이 그녀를 이용해 막대한 돈을 벌어들였다.

그때 나는 하늘에서 들려오는 또 다른 큰 음성을 들었습니다.

내 백성아, 어서 빨리 거기서 나오너라.
그녀의 죄와 뒤섞이지 않도록,
그녀의 멸망에 휘말리지 않도록.
그녀의 죄는 악취가 하늘까지 사무친다.
하나님은 그녀가 저지른 모든 악을 기억해 두셨다.
그녀가 준 것을 그녀에게 되돌려 주어라.

그녀가 갑절로 만든 것을 갑절로 돌려주어라.

그녀가 섞어 준 그 잔에 든 것을 갑절로 돌려주어라.

으스대고 방탕하던 그녀에게

고통의 눈물을 안겨 주어라.

"나는 모두를 지배하는 여왕이요

과부가 아니니, 눈물 흘릴 일이 없다"고 자만했으므로,

어느 날, 죽음과 비통과 기근의 재난이

그녀를 압사시킬 것이다.

결국 그녀는 불태워질 것이다.

그녀를 심판하시는 강하신 하나님께서

더는 두고 보시지 않기 때문이다.

9-10 "밤마다 그녀와 음행을 벌인 땅의 왕들은, 그녀가 불태워지는 연기를 보고 울고불고 난리일 것이다. 그들은 자기들도 불태워질까 봐 두려워, 멀찍이 서서 슬피 울 것이다.

화를 입었다, 화를 입었다, 그 큰 도성이 화를 입었다!

바빌론아, 강력하던 도성이여!

단 한 시간 만에 끝장나 버렸구나. 네게 심판이 닥쳤다!

11-17 상인들도 울고불고 난리일 것이다. 사업 기반이 완전히 무너져 내렸고, 자기들의 상품을 내다 팔 시장이 사라졌기 때문이다. 그 상품은 금과 은과 값진 보석과 진주, 또 고운

모시와 자주 옷감과 비단과 붉은 옷감, 향나무와 상아와 값진 나무와 구리와 철과 대리석으로 만든 그릇, 계피와 향료와 향과 몰약과 유향, 또 포도주와 올리브기름과 밀가루와 밀, 소와 양과 말과 전차, 그리고 노예다. 그들은 사람의 목숨을 사고파는 끔찍한 장사도 한다.

너희가 바라며 살았던 모든 것, 다 사라져 버렸다!
그 모든 세련되고 맛좋은 사치품, 다 없어져 버렸다!
천 한 조각, 실 한 오라기 남기지 않고!

그 여자 때문에 막대한 돈을 벌어들인 상인들은 자기들도 불태워질까 봐 두려워, 멀찍이 서서 울고불고 난리였다.

화를 입었다, 화를 입었다, 그 큰 도성이 화를 입었다!
최신 유행하는 의상을 걸치고
최고가의 보석들로 치장하고 다니더니,
단 한 시간 만에 그 부가 모조리 날아갔구나!

17-19 모든 선장과 선객, 선원과 바다에서 일하는 사람들도 모두 멀찍이 서서 그 도성이 불타는 연기를 보며 비탄에 빠져 울었다. '아, 얼마나 대단한 도성이었던가! 저런 도성이 또 언제 있었던가!' 그들은 머리에 재를 끼얹고 마치 세상이 끝난 것처럼 울었다.

화를 입었다. 화를 입었다. 그 큰 도성이 화를 입었다!
배를 가진 사람들, 바다에서 장사하는 사람들 모두
그녀가 사고 소비하는 덕에 부를 얻었건만,
이제 다 끝났다. 한 시간 만에 모조리 다 날아갔다!

20 오 하늘이여, 기뻐하라! 성도와 사도와 예언자들도 함께
즐거워하라! 하나님께서 그 여자를 심판하셨다. 그 여자가
너희에게 행한 모든 악행을 다 심판하셨다."
21-24 한 힘센 천사가, 맷돌처럼 거대한 옥석을 손을 뻗어 잡
고서는, 바다에 내던지며 말했습니다.

큰 도성 바빌론이 내던져져 가라앉았다.
바다에 가라앉아, 흔적조차 찾아볼 수 없게 되었다.
하프 타고 노래하는 자들의 음악소리 더 이상 들리지 않고,
피리소리, 나팔소리도 다시 들리지 않으리라.
장인(匠人)들도 다 사라졌다.
그런 사람들을 다시는 보지 못하리라.
맷돌소리도 잠잠해졌다.
그 소리도 다시는 듣지 못하리라.
램프의 불빛도 다시 보지 못할 것이며,
신랑신부의 웃음소리도 다시 듣지 못하리라.
그녀의 상인들이 온 땅을 속여 먹고,
검은 마술로 모든 민족을 기만해 왔다.

이제 바빌론에게 남은 것이란 피가 전부다.
성도들과 예언자들의 피
살해당한 사람들, 순교한 사람들의 피.

할렐루야!

19 ¹⁻³ 나는 하늘에서 큰 합창단이 부르는 노래 같은 소리를 들었습니다.

할렐루야!
구원과 영광과 권능은 하나님의 것,
그분의 심판은 참되고, 그분의 심판은 정의로우시다.
그분이 큰 음녀,
음행으로 땅을 타락시킨 그 여자를 심판하셨다.
그분의 종들이 흘린 피를 그분이 갚아 주셨다.

다시 노래가 들려왔습니다.

할렐루야!
그 여자를 불태우며 나는 연기가 하늘 높이 굽이쳐 올라
간다.
영원무궁히.

⁴ 스물네 장로와 네 동물이 무릎을 꿇고 엎드려, 보좌에 앉

아 계신 하나님께 경배하며 찬양했습니다.

　아멘! 그렇습니다! 할렐루야!

5 그 보좌로부터 큰소리의 명령이 들려왔습니다.

　우리 하나님을 찬양하여라, 그분의 모든 종들아!
　그분을 두려워하는, 너희 크고 작은 모든 사람들아!

6-8 또 나는 거대한 폭포소리, 우렁찬 천둥소리 같은 합창단
의 소리를 들었습니다.

　할렐루야!
　주님께서,
　주권자이신 우리 하나님께서 다스리신다!
　함께 기뻐하자, 함께 즐거워하자.
　함께 그분께 영광을 돌리자!
　어린양의 혼인날이 임했다.
　그분의 신부가 단장을 마쳤다.
　밝게 빛나는 모시로 만든
　신부옷이 그녀에게 주어졌다.
　그 모시옷은 바로 성도들의 의다.

⁹ 천사가 내게 말했습니다. "'어린양의 혼인 축하연에 초대받은 사람들은 복되다'고 적어라." 천사가 덧붙여 말했습니다. "이 말씀은 하나님의 참된 말씀이다."

¹⁰ 내가 천사의 발 앞에 엎드려 경배하려는데, 천사가 말렸습니다. "이러지 마라." 그가 말했습니다. "나도 너처럼, 예수를 증언하는 너의 형제자매들과 같은 종일 뿐이다. 예수의 증언은 곧 예언의 영이다."

흰 말과 그 말을 타신 분

¹¹⁻¹⁶ 그 후에 내가 보니 하늘이 활짝 열렸는데, 아, 흰 말과 그 말을 타신 분이 보였습니다. 그 말을 타신 분은 신실함과 참됨이라는 이름을 가진 분인데, 순전한 의로 심판하시고 싸우시는 분입니다. 그분의 눈은 불꽃이며, 그분의 머리에는 많은 관이 씌워져 있습니다. 그분에게는 오직 그분만이 알고 계신 한 이름이 새겨져 있습니다. 그분은 피로 물든 옷을 입으셨고, **하나님의 말씀**이라고 불립니다. 하늘의 군대가 흰 말을 타고 눈부시게 흰 모시옷을 입고 그분의 뒤를 따릅니다. 그분의 입에서 한 날 선 칼이 나오는데, 그분은 그것으로 모든 민족을 정복하시고, 쇠지팡이로 모든 민족을 다스리십니다. 그분은 주권자 하나님의 맹렬한 진노의 포도주 틀을 발로 밟으십니다. 그의 옷과 허벅지에는 **만왕의 왕, 만주의 주**라고 적혀 있습니다.

¹⁷⁻¹⁸ 나는 한 천사가 태양 안에 서서, 중간하늘을 날고 있

는 모든 새들에게 소리치는 것을 보았습니다. "하나님이 베푸신 큰 잔치에 오너라! 와서 왕과 장군과 전사와 말과 그 말을 탄 사람들의 살을 배불리 먹어라. 자유인이나 노예나, 작은 자나 큰 자나 할 것 없이, 그들 모두를 너희 배가 찰 때까지 먹어라."

19-21 나는 그 짐승과 그와 함께 모인 땅의 왕들과 그들의 군대들이, 그 말 타신 분과 그분의 군대에 맞서 전쟁을 벌이려고 하는 것을 보았습니다. 그러나 그 짐승은 붙잡혔고, 그와 함께 그의 꼭두각시인 거짓 예언자, 곧 표징을 일으키고 짐승의 표를 받고 그 형상에게 예배한 이들을 현혹시키고 속였던 자도 붙잡혔습니다. 그 둘은 산 채로 유황이 타오르는 불못에 던져졌습니다. 그리고 남은 자들도 그 말 탄 분의 칼에, 그분의 입에서 나오는 그 칼에 죽임을 당했습니다. 모든 새들이 그들의 살을 배불리 먹었습니다.

천년왕국

20 1-3 나는 한 천사가 하늘에서 내려오는 것을 보았습니다. 그는 바다 없는 구덩이를 여는 열쇠와 쇠사슬을 들고 있었습니다. 거대한 쇠사슬이었습니다. 그는 용, 곧 옛 뱀―바로 마귀, 사탄!―을 잡아 쇠사슬로 묶어서, 바다 없는 구덩이 속으로 던져 넣고 굳게 닫은 뒤에, 천 년 동안 단단히 봉했습니다. 천 년이 다 될 때까지 그는 민족들을 기만하거나 말썽을 일으킬 수 없었습니다. 그 후

에 그는 잠시 풀려나야 합니다.

4-6 나는 보좌들을 보았습니다. 그 보좌들 위에는 심판하는
일을 맡은 사람들이 앉아 있었습니다. 또 나는 예수에 대한
증언과 하나님의 말씀 때문에 목이 베인 사람들의 영혼을
보았습니다. 그들은 짐승이나 그 형상에게 경배하기를 거부
하고, 이마나 손에 표 받기를 거부한 사람들입니다. 그들은
살아나서 천 년 동안 그리스도와 함께 다스렸습니다! 나머
지 죽은 사람들은 그 천 년이 다 될 때까지 살아나지 못했습
니다. 이것이 첫째 부활입니다. 여기에 포함된 사람들은 참
으로 복되고, 참으로 거룩한 사람들입니다. 그들에게는 둘
째 죽음이 없습니다! 그들은 하나님과 그리스도의 제사장
들입니다. 그들은 천 년 동안 그분과 함께 다스릴 것입니다.

7-10 그 천 년이 다 되면, 사탄이 갇혔던 곳에서 풀려나, 다
시 민족들을 기만하러 땅의 구석구석을―심지어 곡과 마
곡까지!―다닐 것입니다. 그는 그들을 꼬드겨 전쟁을 일
으킬 것이며, 거대한 군대를, 무수한 병력의 강력한 군대
를 모을 것입니다. 그들은 땅을 가로질러 행진해 나아가
서는, 하나님의 거룩한 백성의 진(陣), 하나님께서 사랑하
시는 도성을 둘러싸 포위할 것입니다. 그러나 그들은 그
곳에 도착하자마자 하늘에서 쏟아져 내리는 불로 모조리
불태워질 것입니다. 그들을 기만했던 마귀는 불과 유황의
못에 던져져, 거기서 그 짐승과 거짓 예언자와 함께 영원히
쉼 없이 고통을 당할 것입니다.

보좌 앞 심판

11-15 나는 크고 흰 보좌와 그 위에 앉아 계신 분을 보았습니다. 그 임재 앞에 서거나, 그 임재와 맞설 수 있는 것은 아무것도 없었습니다. 하늘에도 없고 땅에도 없었습니다. 또 나는 모든 죽은 사람들이, 큰 자나 작은 자 할 것 없이 거기—그 보좌 앞에!—서 있는 것을 보았습니다. 그리고 책들이 펼쳐져 있었습니다. 그런데 또 다른 책이 펼쳐져 있었습니다. 바로 생명책이었습니다. 죽은 사람들은 그 책에 기록된 대로, 그들이 살아온 대로 심판을 받았습니다. 바다가 죽은 사람들을 내놓았고, 죽음과 지옥도 죽은 사람들을 내놓았습니다. 각 사람은 자신이 살아온 대로 심판을 받았습니다. 그러고는 죽음과 지옥이 불못에 던져졌습니다. 이것이 바로 둘째 죽음, 곧 불못입니다. 그 생명책에 자기 이름이 적혀 있지 않은 사람은 다 불못에 던져졌습니다.

새로 창조된 하늘과 땅

21

¹ 나는 새로 창조된 하늘과 땅을 보았습니다. 처음 하늘은 사라졌고, 처음 땅도 사라졌고, 바다도 사라졌습니다.

² 나는 새로 창조된 거룩한 예루살렘이, 남편을 위해 단장한 신부처럼 하나님을 위해 단장한 빛나는 모습으로 하늘에서 내려오는 것을 보았습니다.

3-5 나는 그 보좌에서 들려오는 천둥소리 같은 음성을 들었

습니다. "보아라! 보아라! 이제 하나님께서 사람들이 사는 곳에 오셔서 사람들과 더불어 사신다! 그들은 그분의 백성이며, 그분은 그들의 하나님이시다. 하나님께서는 그들의 눈에서 눈물을 말끔히 씻어 주실 것이다. 죽음은 영원히 사라졌다. 눈물도 사라지고, 통곡도 사라지고, 고통도 사라졌다. 만물의 처음 질서는 다 사라졌다." 보좌에 앉으신 분이 계속해서 말씀하셨습니다. "보아라! 내가 모든 것을 새롭게 한다. 이 모두를 받아 적어라. 한 마디 한 마디가 다 믿을 수 있는 확실한 말씀이다."

⁶⁻⁸ 또 그분이 말씀하셨습니다. "이제 이루어졌다. 나는 처음이요 마지막이다. 나는 시작이며 끝이다. 나는 목마른 이들에게 생명수 샘물을 거저 준다. 승리한 사람들은 이 모두를 상속받는다. 나는 그들에게 하나님이 될 것이요, 그들은 내게 아들과 딸이 될 것이다. 그러나 나머지 사람들—줏대 없고 신의 없는 자와, 타락한 자와 살인자와, 성매매꾼과 마술사와, 우상숭배자와 모든 거짓말쟁이들—이 받을 몫은 불과 유황이 타는 못, 곧 둘째 죽음이다!"

새 예루살렘

⁹⁻¹² 일곱 가지 최종 재앙이 가득 담긴 대접들을 들고 있던 일곱 천사 가운데 하나가 내게 말했습니다. "이리로 오너라. 내가 어린양의 아내인 신부를 네게 보여주겠다." 그는 성령 안에서 나를 거대하고 높은 산으로 데려가서, 하나님

의 빛나는 영광에 싸여 하나님께로부터 하늘에서 내려오는 거룩한 예루살렘을 보여주었습니다.

12-14 그 도성은 귀한 보석처럼 반짝거렸고, 빛이 가득 넘실 거렸습니다. 그 도성은 웅장하고 높은 성벽을 가졌고, 열두 대문이 있었습니다. 각 대문에는 천사가 하나씩 서 있었고, 이스라엘 자손 열두 지파의 이름이 새겨져 있었습니다. 그 대문은 동쪽으로 세 개, 북쪽으로 세 개, 남쪽으로 세 개, 서 쪽으로 세 개가 나 있었습니다. 그 벽은 열두 개의 주춧돌 위에 서 있었는데, 주춧돌에는 어린양의 열두 사도 이름이 새겨져 있었습니다.

15-21 내게 말하던 천사가 금 측량자를 가지고, 그 도성과 문과 성벽을 재었습니다. 그 도성은 완벽한 정사각형이었 습니다. 천사는 측량자로 도성을 재었는데, 길이와 폭과 높이가 똑같이 12,000스타디온이었습니다. 또 표준 치수 로 성벽의 두께를 재어 보니 144규빗이었습니다. 성벽은 벽옥으로 영광의 색을 발했고, 도성은 유리처럼 투명한 순 금이었습니다. 도성의 주춧돌은 온갖 귀한 보석들로 장식 되어 있습니다. 첫째 주춧돌은 벽옥, 둘째 것은 사파이어, 셋째 것은 마노, 넷째 것은 에메랄드, 다섯째 것은 얼룩마 노, 여섯째 것은 홍옥수, 일곱째 것은 귀감람석, 여덟째 것 은 녹주석, 아홉째 것은 황옥, 열째 것은 녹옥수, 열한째 것은 청옥, 열두째 것은 자수정이었습니다. 그 열두 대문 은 열두 진주로 되어 있었는데, 각 대문이 한 개의 진주로

되어 있었습니다.

²¹⁻²⁷ 도시의 중심가는 유리처럼 투명한 순금이었습니다. 그러나 성전은 도무지 찾아볼 수 없었는데, 주권자이신 주 하나님과 어린양이 바로 성전이시기 때문입니다. 그 도시에는 빛을 비추어 줄 해나 달이 필요 없습니다. 거기서는 하나님의 영광이 빛나며, 어린양이 등불이시기 때문입니다! 민족들이 그 빛 가운데로 다니고, 땅의 왕들이 자기 영광을 가지고 들어올 것입니다. 낮에는 결코 대문이 닫히는 법이 없으며, 다시는 밤이 없을 것입니다. 사람들은 민족들의 영광과 영예를 그 도성 안으로 가지고 들어올 것입니다. 더럽거나 더럽혀진 것은 무엇이든 그 안으로 들어오지 못할 것입니다. 더럽히거나 속이는 자들도 들어오지 못할 것입니다. 오직 어린양의 생명책에 이름이 적혀 있는 사람들만 들어올 것입니다.

22

¹⁻⁵ 그 천사는 또 내게 수정같이 빛나는 생명수 강을 보여주었습니다. 그 강은 하나님과 어린양의 보좌로부터 흘러 나와, 거리 한가운데로 흐르고 있었습니다. 그 강의 양쪽에는 열두 종류의 열매를 맺는 생명나무가 심겨 있어서, 달마다 열매를 내었습니다. 그 나무의 잎사귀는 민족들을 치유하는 데 쓰였습니다. 결코 다시는 저주가 없을 것입니다. 하나님과 어린양의 보좌가 중앙에 있습

니다. 그분의 종들이 하나님을 섬길 것입니다. 그들은 하나
님께 예배하며 그분의 얼굴을 뵐 것입니다. 그들의 이마는
하나님의 빛을 받아 빛날 것입니다. 다시는 밤이 없을 것입
니다. 누구에게도 등불이나 햇빛이 필요 없을 것입니다. 주
하나님의 빛나는 빛이 모두를 비춰 줄 것입니다. 그들은 영
원무궁토록 그분과 함께 다스릴 것입니다.

이 책의 말씀을 지키는 사람은 복되다

6-7 천사가 내게 말했습니다. "이는 한 마디 한 마디가 다
믿을 수 있는 확실한 말씀이다. 예언자의 영들의 하나님
이시며 주님이신 분께서, 그분의 천사를 보내 그분의 종
들에게 곧 일어날 일을 보여주셨다. 그리고 그들에게 말
하여라. '그렇다. 내가 가고 있다!' 이 책의 예언의 말씀을
지키는 사람은 복되다."

8-9 나 요한은, 이 모든 것을 눈으로 직접 보고, 귀로 직접
들었습니다. 나는 보고 들은 그 순간에, 내 앞에 이 모든 것
을 펼쳐 보여준 그 천사의 발 앞에 엎드려 경배하려고 했습
니다. 그러자 천사가 말렸습니다. "이러지 마라! 나도 너와
너의 동료와 예언자와, 이 책의 말씀을 지키는 모든 사람처
럼 다만 종일 뿐이다. 하나님께 경배하여라!"

10-11 천사가 이어서 말했습니다. "이 책의 예언의 말씀을 봉
인하지 마라. 책꽂이에 처박아 두지 마라. 때가 가까이 왔
다. 악행을 일삼는 자들은 계속해서 악하게 살도록 내버려

두고, 마음이 더러운 자들은 계속해서 더럽게 살도록 내버려 두어라. 의로운 사람들은 계속해서 올곧게 살게 하고, 거룩한 사람들은 계속해서 거룩하게 살게 하여라."

12-13 "그렇다. 내가 가고 있다! 내가 곧 갈 것이다! 내가 갈
때 내 임금 대장을 가지고 갈 것이다. 나는 사람들이 살면서
행한 대로 그들에게 임금을 지불해 줄 것이다. 나는 처음이
며 마지막, 최초이며 최종, 시작이며 끝이다.
14-15 자기 옷을 깨끗이 하는 사람은 얼마나 복된지! 생명나
무가 영원히 그들의 것이 될 것이며, 그들은 대문을 통해 그
도성에 들어갈 것이다. 그러나 더러운 똥개들, 곧 마술사,
간음한 자, 살인자, 우상숭배자, 거짓을 사랑하고 일삼는 모
든 사람들은 영원히 바깥으로 내쳐질 것이다.
16 나 예수는, 내 천사를 보내 교회들에게 이 모든 것을 증
언하게 했다. 나는 다윗의 뿌리요 가지며, 빛나는 새벽별
이다."

17 "오십시오!" 성령과 신부가 말씀하십니다.
듣는 이들도 "오십시오!" 하고 화답하십시오.
목마른 사람 있습니까? 오십시오!
원하는 사람은 누구나, 와서 마시십시오.
생명수를 거저 마시십시오!

18-19 나는 이 책의 예언의 말씀을 듣는 모든 이들에게 분명히 말해 둡니다. 만일 여러분이 이 예언의 말씀에 무엇을 덧붙이면, 하나님께서 여러분의 삶에 이 책에 기록된 그 재앙들을 덧붙이실 것입니다. 만일 여러분이 이 예언의 책의 말씀에서 무엇을 떼어 버리면, 하나님께서 이 책에 기록된 생명나무와 그 거룩한 도성에서 여러분이 받을 몫을 떼어 버리실 것입니다.

20 이 모든 것을 증언하는 분이 다시 말씀하십니다. "내가 가고 있다! 내가 곧 갈 것이다!"

예! 오십시오, 주 예수님!

21 주 예수의 은혜가 여러분 모두와 함께 있기를 바랍니다. 아멘!